Emanuele Gentile

Il bambino è il mondo

poesie

**ZeroBook
2021**

Titolo originario: *Il bambino è il mondo : poesie* / di Emanuele Gentile

Questo libro è stato edito da **ZeroBook**: www.zerobook.it.

Prima edizione: luglio 2021

ISBN 978-88-6711-198-5

Tutti i diritti riservati in tutti i Paesi. Questo libro è pubblicato senza scopi di lucro ed esce sotto *Creative Commons Licenses*. Si fa divieto di riproduzione per fini commerciali. Il testo può essere citato o sviluppato purché sia mantenuto il tipo di licenza, e sia avvertito l'editore o l'autore.

Controllo qualità **ZeroBook**: se trovi un errore, segnalacelo!

Email: zerobook@girodivite.it

Indice generale

Introduzione 7
Il bambino è il mondo 9
    Ascalon 11
    Donne maledette 13
    Dogon 15
    Condannati a morire ordinatamente 17
    Fine 19
    Fragmenta 21
    Esilio 23
    Mad killing instinct 24
    Ma verso il punto finale corri 26
    Inganno totale 27
    La pressa 30
    Le foglie 33
    Lux interior 35
    Il prossimo ciclo 37
    I cavalieri del rombo 39
    Marie 41
    Macerie 43
    Morte bianca 45
    Morte in un parco 47
    Morte 49

Necrodoom	51
Nichilismo	53
Nightsun	55
Preghiera	57
Noia	59
Non uccidete il bambino	61
Notte	63
Pezzi di vetro	65
Paesaggi tragici	67
Orizzonti	69
Shankill Butchers	71
Strada per il nulla	73
The black age	75
The burning child	77
Vertigine dolce	79
Visioni	81
Vuoto	82
Who are you?	84
Zingaro	86
Nota di edizione	**87**
Questo libro	87
L'autore	88
Le edizioni ZeroBook	89

Introduzione

Sono poesie che nascono da uno scontro violento con le realtà. Non c'è mediazione con essa. Vi è lo scontro totale perché essa stessa la realtà ti porta ad orientarti in tale senso. Questo scontro lo si denota dalla struttura delle poesie, dal linguaggio, dalla scenografia delle medesime e dallo spirito che aleggia dietro i versi. Ma non sono poesie, nello istesso tempo, in quanto ho concepito queste poesie come uno strumento per raccontare un fatto, un evento che è occorso. Per certi versi si possono considerare quali mini racconti (anche non-poesie). Mini racconti che prendono uno spazio minimo in quanto per esprimere una situazione della vita non è necessario un utilizzo abnorme di parole. Spesso utilizzare troppe parole confonde. E visto che la realtà che descrivo è brutale è meglio, molto meglio affidare la descrizione ad uno stretto giro di termini. Quando si parla di morte, suicidio, alienazione, droga, guerra, omicidio, violenza ed altre tematiche simili mica ci si può perdere in descrizioni lunghe e farraginose. È necessario andare al punto e in queste poesie/non-poesie il punto lo si raggiunge senza esitazione. Il lettore sa subito a cosa va incontro. Eppure se uno legge attentamente i versi di tali componimenti non noterà solo "Grida", ma anche

"Speranza". Infatti, leggendo fra le righe si nota un fortissimo senso di umanità e di desiderio che tutto questo dolore cessi una buona volta per tutte e che ritorni l'umanità a regolare i rapporti fra le genti. C'è un'ansia alla pace – interiore ed esterna – che si percepisce leggendo attentamente il costrutto di ogni poesia/non-poesia. Ecco perché il secondo termine è "Speranza" perché se non nutriamo la "Speranza" cosa sarà di noi umani, come andremo a finire, che ne sarà di noi. Avverto, pertanto, dietro quell'uso di termini brutali un non tanto velato afflato alla "Speranza" che ci deve far riscoprire il desiderio di vivere assieme e costruire finalmente quel tanto agognato mondo migliore prefigurato da filosofi e pensatori vari. Gridiamo in questo modo di violenza, ma con "Speranza".

Dedico questo libro di poesie ai miei genitori, Sebastiano Gentile e Annie Giorgi perché mi hanno insegnato che la cultura è tutto.

Il bambino è il mondo

Ascalon

Solo
nella mia paura.

Nubi di acciaio
hanno aperto
la loro pancia.

Ascalon,
la morte
silenziosa
è arrivata.

Ascalon
cade una pioggia
strana
su di me.

Ascalon,
il mio corpo
si sta liquefacendo.
Brandelli di carne
resistono ancora
sullo scheletro

corroso.

Ascalon
assisto alla mia morte,
impaziente di morire,
impassibile per il dolore.

Ascalon, Ascalon,
aiutami
a varcare
la soglia eterna....

Donne maledette

Fotografie ingiallite
a rinfusa sparse
sul pavimento.

La storia
fra di noi
è un crepuscolo acre.

Donna maledetta
adesso piango
disperato e distrutto.

Donna maledetta
voglio rubarti
il respiro vitale!

Donna maledetta
ti possederò finalmente
nella fredda tomba.

Avevo vaneggiato
amori osceni,

or grido vendetta feroce!

Donne ammaliatrici,
peccatrici, maledette,
dannate, sognatrici....

Dogon

Il mistero
è nel nostro viso.
Siamo il presente
di un'oscura genia
che proviene
dall'ignoto?

Chi sono stati
i nostri progenitori?
Forse navigatori celesti
partiti dalle Pleiadi?
Lo shuttle
riporterà noi all'inizio?

Danza sciamano
sulle pietre sacre
in cerchi di fuoco.
Il nuovo ciclo
è nell'alba
dei nostri antichi sogni.

I maestri
arriveranno
nelle nostre menti.
ed allora
scopriremo
l'oscuro compagno
di Sirio.

Condannati a morire ordinatamente

Per voi
la massima aspirazione
è essere
fotocopia di altri.

Pensare è un crimine odioso,
chi legge
è da inviare ai lavori forzati.

Quanto siete disciplinati
miei cari figli di puttana!
Carini da morire
che vergogna!

Morti viventi
vedo deambulare
per strade orfane di memoria
e case troppo perbeniste!

Disciplinati per prostituirvi
ai sommi pontefici
della nostrana

politica mafiosa...

Respirate disciplinati,
camminate disciplinati,
defecate disciplinati,
morite disciplinati.

La droga vi fa schifo,
ma siete drogati,
drogati disciplinati,
disciplinati per ordini altrui.

Condannati a morire
ordinatamente,
condannati a morire
ordinatamente.

Fine

Non riesco più
a sorridere.

La fantasia
è vedere gioiosi visi d'infanti,
ma dove sono i bambini?

La fantasia è volo
libero,
ma dov'è la libertà?

La fantasia è dire
ad una ragazza – Ti amo - ,
ma dov'è l'amore?

Il mio cuore è solo
un arido indurito
muscolo meccanico,
gli hanno rubato
i sentimenti.

Ancora non so se sarò io
il primo a morire o altri....

Tanto i missili sono già
puntati verso l'Inferno...

Fragmenta

Alfa

Vago solo
con la mia pazzia
nei meandri
deliranti
della perduta
gioia ancestrale

Beta

Il bambino
guarda il cielo,
ha paura
di volare,
nasconde
il cuore
e brucia
nel tormento
il desiderio.

Gamma

La follia
dell'angelo
stravolse
il viso
e l'oscuro
compagno
della luce
rinacque
a tormentare
Gli innocenti.

Esilio

Strappato
a ricordi
del cuore.

Una valigia
di dolori e lacrime.

Sguardo perduto
in spazi
privi di calore.

Cade neve,
cade neve,
cade la speranza
della vita.

Mad killing instinct

Cosa uccide
la nostra ragione?

Flash devastanti
mutano
le abitudini delle persone.

Tu vedi una madre
buttare nel vuoto
la propria amata
figlioletta.

Un uomo
all'improvviso
aggredisce un suo simile.

Una ragazza
è violentata
in uno squallido
vicolo.

Non abbiamo più
la forza di capire,

alziamo le spalle
e ce ne infischiamo,
tanto noi non
siamo come loro
noi siamo possessori
di ragione.

La pazzia
è la forza del buio
che noi ospitiamo
nel nostro essere,
essa appare
senza che tu
possa ostacolarla.

La pazzia
è il ricordo ingabbiato
dei nostri primi passi
su questa Terra.

Ma verso il punto finale corri

Sorgere tra dolori
in inizio, la speme
è già scusa in volto.
Ti fanno senno
di grandi opere,
ma io chi sono?
Cerchi la gloria
uomo et eternità,
ma verso il punto finale corri!
La società ti vuole
vuoto per plasmarti cieco,
ma la bruciata muore.

Desidero
non vederti falso essere,
hai ruinato il nettare
orgiastico della vita,
volgo il capo alla dolce
fanciulla tenerella
e lascio una viola sulla tomba
spoglia ove giace la perduta
felicità dell'alba.
(In ricordo di un'amica mai conosciuta)

Inganno totale

Il Gran Consiglio
si è riunito
per pianificare
la prossima
campagna pubblicitaria.

Si discute
come prendere in giro
la gente.

Le idee abbondano
quando bisogna
ingannare.

Questi mercanti di morte
venderebbero
i loro cari
per comprare
la vostra anima.

Perché la morte
deve avere più importanza
della vita?

Si pensa per ingannare,
si pensa per comprare
le nostre anime,
si pensa per uccidere,
si pensa per vendere
fumo....
Sola alla vita non si pensa.

Gli ideali
non esistono,
sono solo merce
da comprare,
tutto ha un prezzo,
tutto si compra,
vi distraggono
con belle parole,
gli specchietti per allodole
sono sempre più numerosi,
avete l'impressione
di comprare
con la vostra testa,
ma hanno già
comprato il vostro corpo,
siamo solo confusi e manovrati.

Anche il cuore
si compra,
è una cosa di plastica.

La pressa

Ancora voglio vivere. Vedo oltre le finestre di casa mia la vita che scorre. D'accordo è caotica, sporca, triste, violenta..., ma non è una scusa per spegnere il mio cuore stanco.

È mattina. Mi sono appena alzato. Ho consumato il solito rituale: bagno, barba, vestirsi (forse contro la noia e l'arroganza degli altri?) e colazione. Sono pronto a soffrire ancora...

Esco e mi ritrovo lo squallore di sempre. Immondizia per le strade. Due o tre ubriachi che si consolano a vicenda delle proprie disgrazie. Il fetido autobus urbano per andare al lavoro. Grigi viali inzuppati da una pioggia anonima ed infine la fabbrica dove lavoro per produrre una felicità di metallo: l'automobile.

Imbuco, prima una lettera.

Timbro il mio cartellino.

Indosso la tuta.

Incontro il capo-squadra, generale di cortile.

Il lavoro, nella sua monotona ripetitività, mi piace, dimentico l'esterno, anzi dimentico me stesso. Ah se dimenticassi la morte di mia moglie e di mio figlio...

Sono stanco.

Arriva l'ora del pranzo.

Mangio. Non parlo. La bocca non ha più il coraggio di comunicare. Come sarei...

Si ritorna al desiderato lavoro.

Fino alle cinque manovro una pressa per componenti d'auto, epidemia della società attuale. Tutti la vogliono.

Fine.

Ritorno a casa mia, vuota e vacante.

Franca, Roberto dove siete?

Oramai la tomba è casa loro, mentre questa casa è la mia tomba...

Il mio cuore è freddo, serve solo a pompare il sangue. È un organo meccanico come la mia pressa.

Tento di uscire dalla mia tristezza.

Mi ritrovo al bar di sotto.

Mi ci trattengo brevemente.

Domani andrò al cimitero ad incontrare mia moglie e mio figlio.

La speranza di una nuova vita?

Lasciamo stare. Non ci credo.

Le foglie

Le foglie
che cadono
ad ogni autunno
di ogni anno
raccontano
della vita
di ogni uomo.

Le foglie sono
tenui e fragili
fogli di carta
su cui ogni uomo
scrive della propria vita,
della sua rabbia di vivere
e della sua angoscia
di morire.

Le foglie sono
i nostri anni
che scivolano via.
Ad ogni foglia
Che cade
la morte si avvicina

e ci si sente una fitta al cuore.

Le foglie sono
compagne
del nostro cammino
su questa terra triste,
esse ci parlano,
esse ci ascoltano,
esse sono la nostra fragile anima.

Lux interior

Scenderà
sul vostro corpo
il velo
della Sacra Morte.

La lampadina disegnava
nell'aer sogni floreali.
Il cerchio non riusciva
a chiudere la sua circonferenza.
Era notte di plenilunio.
Il mare si imbatteva
su cocci di marmo.
Gli occhi pulsavano di sangue.

Vedrete dipinto
sui muri dell'inconscio
il Numero Sacro
del Buio Totale
E cadrete sempre più
nella cittade dal martirio eterno.

Linee rosse,
un fulmine squarcia la mente,

linee rosse,
un fulmine squarcia la mente.

Dea pazzia
vi squarterà,
vi dilanierà,
vi annienterà.
Il dolore senza fine
vi farà sputare fuori
i vostri tremendi peccati.

Il cavaliere accecato
siederà sui bordi
del fiume Volga
a rimembrar
di Icaro
e del suo pentimento
di aver violato
le Leggi Sacre.

Linee rosse,
un fulmine squarcia la mente,
linee rosse,
un fulmine squarcia la mente.

Il prossimo ciclo

Il Dio Totale
è adirato.

I figli verdi
del Dio Supremo
stanno morendo
uccisi dal fuoco.

Le tribù della foresta
sono sul piede
si guerra,
la loro Casa
è l'altare
della disperazione.

Eldorado,
leggenda istoriata,
nel lato oscuro
del cuore degli uomini,
sente le sue forze
venir meno.

Figli delle Sette Città
della Luna
dov'è il senso perduto
degli uomini?

Atlantide ritornerà
ancora sott'acqua?

Già odo la melodiosa
voce della Sacra morte
chiamarci negli Inferi.

Lucifero porta a noi
la Luce Eterna
per rischiarare
le nostre buie menti.

I cavalieri del rombo

Essi partirono
dai quattro punti dell'universo
per donare il fuoco
eterno,
quando la terra era ancora velata
e l'uomo non conosceva
il futuro.
Vennero su cavalli di fuoco
lucenti come mille soli,
potenti come mille bagliori di luce
e veloci come i mille venti
che solcano i mari.
Si assisero sul trono del mondo,
nella steppa se ne tramanda
la leggenda e consegnano a loro
i defunti per il rifiorire di nuova vita.

"Dormite, dormite
fino a che gli spiriti immortali
non scenderanno
dalle stelle sui loro carri splendenti".

I signori della Luce Bianca
torneranno con il pugnale
e la sfera, secondo le antiche
scritture dei padri.
Il periodo è prossimo,
il passato si tramuta in futuro,
il nostro miserevole esistere finirà
ed Ammon-Ra regnerà nel sempre.

Marie

Marie, ti dicevano
"Vai per il mondo,
il mondo è un campo di fiori!"

Marie, ti esaltavano
il mondo,
"Ammira quel panorama!"

Aria funebre.

Notturne tenebre
velarono il tuo sì
dolce sorriso
ed il fiore
cadde nello Stige
soffocato nel cruore.

Marie, gli occhi
sono nella luce,
Marie era una bambina
mai diventata donna,
Marie, gli occhi
sono nella luce.

Marie non è più qui,
vive nel mondo
dei fiori giganti,
Marie ora viaggia
nella luce bianca.

Macerie

Sibili violenti.

Il messaggio era celato
nel Libro Sacro.

I cieli, poc'anzi calmi,
bruciano.

Le mani ondeggiano
come girasoli
a cercare un segno di vita.

Sole impietoso.

Il morbo veniva
sui carri funebri di Anubi.

Le jene giungevano a calca
rapide, sporche e felici
di partecipare al macabro banchetto.

La vita sta tramontando sulla Terra,
il punto di scontro è vicino,

il cosmo sarà di nuovo muto
e la sinfonia celeste risuonerà
simile a marcia funebre
allo spegnersi della luce.

La storia volge terribile,
la profezia incendierà
la Croce Santa.

Sono gli ultimi frammenti di aria,
tutto è oramai nel passato.

La Terra sarà di neve opaca,
coltre pietosa agli stolti.

Dio regnerà sui morti.

Le carogne lanceranno
salmi lancinanti.

Trombe salutano
la vittoria della Morte.

Eclissi spaziano gelide.

Si allontana la vita.

Morte bianca

L'alba sarà
pietoso velo
di freddo colore bianco.

Il domani
non avrà
alcun senso,
oramai la speranza
è un freddo cadavere
ucciso dalla strana scienza.

L'uomo sarà
un insignificante pallido ricordo,
egli calpestò il suo pianeta
e si dissolse in una nebbia
impalpabile ed omicida
da lui stesso creata.

La morte totale
arriverà sulle ali
invisibili
di bianchi nubi,
e la storia

ritornerà nel Caos.

La donna espierà
il suo peccato originale,
il bambino cesserà
di giocare e piangere,
la giovane fanciulla non conoscerà
i piaceri della vita.

Le città appariranno
come strani monumenti
di una razza sconosciuta,
pover'uomo ti sei affannato
a costruire altari al tuo smisurato culto
e sol essi rimarranno!

La spenta Terra vagherà
per l'universo ed ascolterà
il suo angosciato silenzioso lamento.

Morte in un parco

La notte è lunga,
non dormo, sto sognando
la mia morte in un giornale.
Come sarà? Sono curioso.
Una mattina apro il giornale
e vedo la mia morte
a tre colonne. Qual onore!
Il giornale titola:
"Morte in un parco, ha 18 anni, perché?"
Me la immagino la scena madre:
un parco, una panchina,
una siringa ancora fresca di morte,
delle dosi ed infine... un morto.
Ripeto: un parco, una panchina,
una siringa ancora fresca di morte,
delle dosi ed infine... un morto.
Ripeto in più: un parco, una panchina,
una siringa ancora fresca di morte,
delle dosi ed infine... un morto!
Che bella. La voglio così,
la mia morte: in prima pagina.
Ah dimenticavo il resto
del racconto sulla mia morte:

un giovane morto
ed una folla attonita
che si domanda: "Perché è morto?",
che si domanda: "Chi lo ha spinto
ad uccidersi?"
Moloch! Grida lo spirito del tempo!
Sì lui fu avido del mio sangue!
Moloch! Grida la Sibila Cumana!
Sì lui fu un lurido egoista!
La notte è lunga,
non dormo, sto sognando
la mia morte in un giornale.
Come sarà? Sono curioso.
La notte è lunga,
non dormo, sto sognando
la mia morte.
Come sarà? Sono curioso.
Un giovane è morto,
una folla attonita
che si domanda attonita,
che si domanda: "Perché? Chi è?.
La morte è bella, non è vero?
è piacevole...
morte...

Morte

Ancora
è scesa
su questa
stanca Terra.

Ancora
lacrime
acri
bagneranno
il mio volto
per sguardi
distrutti dal dolore.

Ancora
la gente
non comprende
la presenza
terribile
della Morte
fra noi.

La Morte
agita

il mondo
a far
di parti
un solo cuore.

Nel mentre
il nostro
genio
pensa
ad annullare
la Vita,
la Morte
è ausilio
di Vita.

Necrodoom

L'antro
della bestia
rivelerà
i Numeri dell'Eterno.

Il Cristo
regnerà
nel Sempre Tempo.

Abbiamo costruito
un tempio
per onorare
lui, l'AlfaOmega
del Creato.

Due corpi
giacciono
in su un letto
dalle forme
di un pentagramma.

Sono morti
nel Passato.

Sono testimoni
originari
delle Sette Sacre Stelle,
di inaudite et atroci
sofferenze.

Sono Fratelli Maggiori.

Ci aspettano nel Futuro.

Nichilismo

Un lungo corridoio,
un buio corridoio,
uno squallido corridoio,
un tanfo insopportabile,
una ragazza
sta per prendere il metrò,
è sola,
come questa triste società,
due ragazzi
la seguono
da vicino, da vicino,
sono sempre più vicini,
la prendono,
le strappano i vestiti,
la stuprano,
la squartano,
nei loro occhi v'è la morte,
la lasciano nuda,
e sanguinante,
ancora una volta sola,
ancora una volta sola,
sempre più sola,
sempre più sola,

compra una pistola,
si uccide
un biglietto:
"Muoio sola!".

Nightsun

Genitori ponete
il figlio morto
in una bara lignea
durante una notte stellata.

La Sacra Mucca
lo prenderà con sé
per cospargerlo
del nettare
della Via Lattea.

Vostro figlio
non è nel Dopo,
è solo ritornato
nel Passato
a render Gloria Somma
ai nostri Maestri Eterni.

Genitori non dovete
piangere per il lutto,
lo Spirito del Sempre Tempo
veglierà a mezzo
del figlio morto su di voi.

Nel mentre le spoglie
erano immerse nell'Infinito.
Strani bagliori rilucevano
oltre i Monti dell'Atlante...

Preghiera

Notte
vieni
a me.

Il tuo
velo
pietoso
fra poco
spegnerà
nel sempre
i miei
occhi.

Sto per lasciare
casa mia.

Un ultimo sguardo
prima dell'istante
del sacro Omega.

Il mio passato
vivrà
ancora
nel ricordo
delle persone

a me care.

Il muro
che mi divide
dal futuro
è nel cedere.

Lasciatemi
morire,
sono stanco
di soffrire
ogni giorno.

Il fuoco
della purificazione
eterna
mi salverà dal male.

Dio
accogli
nei tuoi cieli
la mia anima.

Notte
silenziosa
e dolce
sono pronto…

Noia

Il bambino piange,
noia!
L'uomo lavora,
noia!
I tram sono sempre gli stessi,
noia!
L'uccello perseguita a cinguettare,
noia!

Tutto è muoversi lento,
pure
lo istesso vento
che scuote gli alberi da secoli
seguiti da altri secoli.

Noia giocosa, bel giocattolo
dei nostri allegri tempi
non mai, come ora, empi
di tanto bell'ingegno!

Il mare rivanga,
il tempo fa riemergere,
il cerchio si chiude.

Si dovrebbe uccidere la noia,
ma, forse, ciò non è
anche noia?

Non uccidete il bambino

Una sperduta nelle rovine,
il mondo muore.
La madre violentata e cieca,
il mondo muore.
Membra umane maciullate dall'odio bestiale,
il mondo muore.
Il sole è una pietra grigia,
il mondo muore.
I fiori odorano di tanfo mortale,
il mondo muore.
L'acqua è sangue orrido,
il mondo muore.

Il mondo tal rugiada d'alba svanisce.

Non uccidete il bambino,
è puro, dolce e bizzoso.

Il bambino è il mondo.

Non uccidete il bambino,
è libero, gioioso e sincero.

Il bambino è un radioso raggio di sole.

Non uccidete il bambino,
è il tuo genitore uomo ipocrita.

Egli vede i colori dell'arcobaleno,
tu solo morte e odio.

Non uccidete il bambino,
egli parla al cielo et alla terra,
tu solo per sacrilegio e bestemmia.

Non uccidete il bambino,
non ucciderti uomo.

Notte

Il sole oltrepassava
l'orizzonte spegnendosi
tra l'onde del mare,
la notte cacciava il giorno,
la vita del villaggio mutava,
ogni uomo volgea il pensiero
dopo il duro faticar quotidiano
al giusto desinar e al meritato riposo.

La notte accarezzava
il villaggio a tenui
buffetti, Selene,
franta in quattro,
porgea il Carro Sacro
a pastori e bardi,
oltre muri aspri monti
scintillanti brusii di ruelli.

Il vento freddo percoteva
umili et semplici casupole,
rivestite d'umido
verde vischio,

i flutti orridi del mare,
tal ciclopiche mani,
la costa frastagliata
deformavano.

Nulla rumore, solo il respiro
della Terra che si rigenera
per il prossimo duro giorno,
il silenzio era, raramente,
smosso dallo stormire delle foglie
e da isolate grida d'animali,
dolce notte non vorrei
vedere mai più il sole,
ha il sapore acre
della Morte...

Pezzi di vetro

La Grande Casa
era piena
di grida a festa
di bambini
che frastagliavano
l'azzurro del tetto.

L'equilibrista
dava il sole e la gente
sembrava gioiosa.

Il filo è compagno
del vuoto,
è una trappola mortale,
è tenue come la vita,
è invisibile come la morte.

Un solo attimo e bianchi nubi
avvolgono il tuo corpo.

Il teatrante
cadde leggiero,

la pista
fu macchiata di sangue.

Alza l'otto, forse l'avvenir
sarà più lieto.

Equilibrista facci divertire.

Paesaggi tragici

Terra di beltà
tragica oppressa
da destino sinistro.

Serpi lentamente
da secoli oscuri
corrodono la gioia.

Canta o Bardo
del tormento angoscioso
delle madri che vanno
ad incontrare i figli
in tetri cimiteri.

Arse distese di terra
bruciate dall'odio
brutale antico
di anni dimenticati
nel nulla.

Il sole schizofrenico
nell'istante stesso
dà e toglie vita.

Mani inaridite
da silenzioso acre
lavoro pregano Santa Rosalia.

Dio Etna sbuffa
rassegnato all'opera
delle Arpie che devastano
il cuore uso a pulsare
quando la lupara spara.

Nulla vela gli occhi
degli schiavi abitanti
ridotti a pensare
d'esser liberi e progrediti
mentre aiutano i lor carcerieri.

Orizzonti

Hey babe, non vivo,
sento confuso il Mondo,
non vedo casa nostra,
dimmi, il nostro fiore cresce?
Dagli fiducia,
questo mondo è nero...

Orizzonti sereni,
la Morte mi chiama.

Hey babe, tutto è buio,
suono le ultime note,
prima del viaggio,
i cavalieri dell'Apocalisse
sono già arrivati,
ciao!
Ti attenderò alla porta bianca.
Dimmi, il nostro fiore cresce?
Forse il futuro per lui
sarà luminoso, mentre...

Orizzonti sereni,
solitudine, arida compagnia.

Hey babe, hey babe...

Shankill Butchers

La morte è la vostra legge.

Di notte vi riunite
in foreste sconosciute e tetre
per pregare le vostre malefiche
divinità affinché vi diano la forza
di uccidere e devastare.

La nuova età di Satana
si aggira fra noi
per portarci nel buio degli abissi infernali.

Ogni strada è per voi
un altare del supremo sacrificio.

Attento ragazzo!
La morte ti aspetta!
La senti nel tuo scheletro,
è un incubo per la tua mente,
la vedi con i tuoi occhi.

Sono gli Shankill Butchers.

Assetati del sangue dei Papisti,
circolano per le strade
di città dove la vita
è una triste esule fuggiasca
per cacciare le loro prede
da offrire in dono
alle loro divinità sataniche.

Il verde della loro isola
è oramai macchiato
di sangue, il nettare degli Shankill Butchers.

San Patrizio è stato ucciso
dagli Shankill Butchers.

Chi salverà
quell'isola derelitta e maledetta?
Signore tu che amasti chi ti tradì
semina l'amore nel cuore di questi
tuoi sciagurati figli.
Signore gli uomini
sono sfiniti...

Strada per il nulla

L'autostrada non aveva inizio,
chissà se l'Araba Fenice risorgerà,
l'autostrada non ha fine,
sogno orizzonti nel cielo della mia stanza,
l'autostrada mi tormenta,
vedo un tunnel tra le cattedrali,
l'autostrada mi attanaglia,
i fiumi scorrono in verdi mari,
l'autostrada mi distrugge,
sangue schizzato su Kalidasa,
l'autostrada è orrenda,
vago solo nel nero del mio cuore,
l'autostrada è caotica,
veleggio verso le cinta di Troia,
l'autostrada si insinua in me,
scorgo una ragazza violentata nell'indifferenza,
l'autostrada non ha cuore,
sassi a distesa su pianeti in agonia,
l'autostrada è infinita,
che senso ha per noi poveri esseri mortali
l'eterno se dobbiamo passare la bianca soglia?

L'autostrada è un mostro,

la percorriamo credendoci immortali
e finiamo in casse a forma di croci.

Non abbiamo avvenire,
lastre interne fermano la nostra corsa.

L'avvenire non interessa,
vedo tragedie e morte.

L'avvenire è una staffetta,
noi che stiamo per trasmigrare
combattiamo per futuri morti.

L'avvenire è un'autostrada
nera e polverosa.

The black age

Dolore,
si ha dolore
quando
uccisi dal terrore
tu vedi
fraterni amici.

Desolazione,
pazzia,
furore
catturano
la mente.

Cadi
lentamente
nel buio totale,
oltrepassi,
distrutto,
la soglia bianca,
felice
di partire
nel Sempre Tempo.

Incubi
devastano
già la vita
della triste
umanità.

Nero,
si vede
solo orrido nero,
il rosa
appartiene
a tempi
indescrivibili.

Figli
del Sole
uccidete senza pietà
la sfera
di Atlante.

The burning child

Attraverso il manto della notte
il mistero plasma la storia.

Il bambino dorme,
il suo corpo si sveglierà
all'inferno.

Storia eterno dedalo,
ogni suo angolo la cambia,
quel bambino avrebbe dovuto
esser il Re dei re,
le Parche, invece, hanno
deciso per la sua morte.

Ecco le fiamme,
riempiono la candida culla,
il prete nero compie
il suo sacrificio.

Il bambino brucia
nel dolore,
il Re dei Re
precipita nel buio totale,
dalle sue ceneri
nasce uno sconosciuto.

Quella culla
è diventata un'urna
sacrificale ove,
ogni tanto, vaga
il fantasma
di colui il quale
doveva generare
il Re dei Re.

Il mistero è nel volto
dello sconosciuto,
il figlio del buio totale
ha governato Vitelia
riunendola in unica casa.

Qual è il nostro passato?
Nel nostro cuore
teniamo segreto
una culla che brucia?

I nostri occhi hanno visto
il buio totale uccidere noi?

Il tempo genera solo mistero
e la nostra conoscenza è
prigioniera del buio totale.

Vertigine dolce

Vedo nei cieli
dei miei sogni
il viso
di una bambina
morta.

Pare sorridermi,
gioca a cerchio
su quelle nubi
che si stagliano
lungo la Via Lattea.

Ha un abito
tenue e leggero
e deliziosamente
pinto di rosa.

Ora comincio
a volare pur'io
assieme a lei,
ci teniamo, stretti,
per mano.

La terra
è piccola
simil a biglia,
il paesaggio muta,
mi addentro
nel nulla.

E la bambina
continua
ad essere lieta
ed io felice
d'essere accanto a lei.

Il mio cuore esplode
in mille colori infiniti
e da questi sorgono,
improvvisi, fior profumati
e vellutati, dono per la bambina
che tiene me in piacevole
compagnia.

Sì dolci sono le notti
per chi ha vicino
una bambina gentile.

Visioni

Dove va quel treno?

Abissi di cristallo
nero e bianco
mi ricordano
la storia dell'uomo
nato nel profondo dello spazio
e nell'infinito del tempo.

Un Sole, forte,
acceca il mio cammino,
il sole non è padre,
ma tiranno oscuro,
il sole non dovrebbe
porgere, invece, la vita?

Fango mi trattiene,
andare innanzi è pericoloso.

La vita è un'attesa
di libertà sfiorita
in un'arida tomba.

Vuoto

Voi leggete i giornali
e cadete dalle nuvole,
voi vedete la televisione
e vi stupite di tutto,
vi comunicano una grave notizia
e non sapete rispondere.

Allora, che vivete a fare?
Allora, dov'è il vostro furore?
Allora, che uomini siete?

C'è il vuoto nelle vostre anime,
dietro quella carne
non esiste nulla,
siete solo robot,
vivete nel regno della plastica,
anche voi siete di plastica!

Capite ciò che leggete
quando ve lo dicono,
capite ciò che vedete
quando ve lo dicono,
capite ciò che vi riferiscono

quando ve lo dicono.

C'è il vuoto nelle vostre anime,
siete dei fantasmi
che date l'impressione di vivere,
vi hanno costruito i sentimenti,
dite di amare la vita,
ma nei vostri sguardi noto solo morte.

Vi credete liberi,
ma vi siete incatenati da soli,
vi credete forti,
ma non sapete essere voi stessi,
vi credete intelligenti,
ma dovete chiedere lumi a chi vi comanda.

Voi vedete, ma cosa vedete?
Voi vedete, ma non avete coraggio!
Voi vedete, ma cosa amate?

Voi camminate per le strade
e siete indifferenti nei confronti del povero,
voi viaggiate
ed il mondo vi sembra sconosciuto,
voi incontrate dei conoscenti
e vi prendete in giro a vicenda...

Who are you?

Tu sei nata
dal nulla,
apparsa
all'improvviso
durante una notte,
avevi la pelle
ricoperta da bruciature.

Chi sei
non lo ricordi,
hai nella tua mente
il ricordo di un incubo
orribile,
la luce ogni tanto
squarcia
quel muro di buio
da cui vieni.

Disegni
nella tua mente
devastata
una casa abbandonata
in mezzo a un bosco,
vicino

un cimitero,
nebbia,
quella casa, senza
motivo alcuno,
prese fuoco
quando da lì
passò
uno strano personaggio
vestito di nero,
il fuoco all'improvviso,
rischiarò,
come giorno
quel posto
buio e misterioso.

Chi sei?
Il tuo dolce
viso nasconde
una terribile
profezia?

I tuoi occhi
hanno
uno strano
alone rosso.
Chi sei?
Chi sei?

Zingaro

Tu non hai casa,
tu non hai
un'anima
a cui raccontare
la tua tristezza.

Erri per le strade
di gelide città
in cerca di un po'
di calore,
ma trovi solo
indifferenza e odio.

La vita, dolce
per i cattivi, è per te un terribile
incubo senza fine.

Tu questa notte
dormirai ancora
in una fredda stazione
sognando di incontrare
dio in una stella.

Nota di edizione

Questo libro

C'è qualcosa di Yeats nella poesia di Gentile - la realtà che si dilata ed è oltre gli occhi, il ricordo di una terra perduta - assieme alla tradizione della poesia civile di alcuni quattrocenteschi - c'è Pasolini e le frequentazioni di Gentile con la musica *heavy metal*. C'è la capacità di indignarsi (ancora), la rabbia e l'orgoglio, le grida e la speranza. La capacità di riuscire ancora a guardare il mondo con occhi che si stupiscono ancora dell'ignavia che domina i rapporti del "Mondo di mezzo", il mondo dei sudditi. *Non uccidete il bambino*, dice Emanuele Gentile, *il bambino è il mondo...*

L'autore

Emanuele Gentile (Catania 1964). Giornalista pubblicista/freelance fin dai primi anni Ottanta, scrive e ha scritto per vari giornali e quotidiani. Collabora con *Girodivite*, *La Sicilia*, *Radio Una Voce Vicina*, *MusicalNews.com*, *Vision Think Tank* e *La Voce*. È laureato in Scienze Politiche, e in Lingue Straniere. Si occupa su *Girodivite* di due blog: "Centro Studi Est Europa" con l'obiettivo di accrescere in Italia la conoscenza dell'Europa dell'Est/Caucaso/Asia Centrale; e "L'Uomo Qualunque" blog di riflessioni personali. Ha pubblicato nel 2008 per conto del CIRVI di Torino un saggio sul viaggio in Sicilia di Alexis de Tocqueville ed ha partecipato alla stesura del libro intitolato "L'Isola del Viaggio" edito nel 2008 dalla Domenico Sanfilippo Editore di Catania.

Pagina ufficiale su Facebook
https://www.facebook.com/emanuele.gentile.37/

Le edizioni ZeroBook

Le edizioni ZeroBook nascono nel 2003 a fianco delle attività di www.girodivite.it. Il claim è: "un'altra editoria è possibile". ZeroBook è una piccola casa editrice attiva soprattutto (ma non solo) nel campo dell'editoriale digitale e nella libera circolazione dei saperi e delle conoscenze.

Quanti sono interessati, possono contattarci via email: zerobook@girodivite.it

O visitare le pagine su: https://www.girodivite.it/-ZeroBook-.html

Ultimi volumi:

Orientale Sicula : Proebbido entrari ed altri racconti / di Alfio Moncada

Perduti luoghi ritrovati : Poggioreale Antica / di Roberta Giuffrida

Raccolta di pensieri / di Adele Fossati (poesie)

Enne / Piero Buscemi

Cortale, borgo di Calabria / di Pasquale Riga

Delitto a Nova Milanese : venticinque righe nelle "brevi" / Adriano Todaro

Abbiamo una Costituzione : Ideologie, partiti e coscienza

democratica costituzionale / Gaetano Sgalambro

Emma Swan e l'eredità di Adele Filò / di Simona Urso

Otello Marilli / di Ferdinando Leonzio

Autobianchi : vita e morte di una fabbrica / di Adriano Todaro prefazione di Diego Novelli

Sei parole sui fumetti / di Ferdinando Leonzio

Sotto perlaceo cielo : mito e memoria nell'opera di Francesco Pennisi / di Luca Boggio

Accanto ad un bicchiere di vino : antologia della poesia da Li Po a Rino Gaetano / a cura di Piero Buscemi

Il cronoWeb / a cura di Sergio Failla

L'isola dei cani / di Piero Buscemi

Saggistica:

I Sessantotto di Sicilia / Pina La Villa, Sergio Failla (ISBN 978-88-6711-067-4)

Il Sessantotto dei giovani leoni / Sergio Failla (ISBN 978-88-6711-069-8)

Antenati: per una storia delle letterature europee: volume primo: dalle origini al Trecento / di Sandro Letta (ISBN 978-88-6711-101-5)

Antenati: per una storia delle letterature europee: volume secondo: dal Quattrocento all'Ottocento / di Sandro Letta (ISBN 978-88-6711-103-9)

Antenati: per una storia delle letterature europee: volume terzo: dal Novecento al Ventunesimo secolo / di Sandro Letta (ISBN 978-88-6711-105-3)

Il cronoWeb / a cura di Sergio Failla (ISBN 978-88-6711-097-1)

Il prima e il Mentre del Web / di Victor Kusak (ISBN 978-88-6711-098-8)

Col volto reclinato sulla sinistra / di Orazio Leotta (ISBN 978-88-6711-023-0)

Il torto del recensore / di Victor Kusak (ISBN 978-6711-051-3)

Elle come leggere / di Pina La Villa (ISBN 978-88-6711-029-2)

Segnali di fumo / di Pina La Villa (ISBN 978-88-6711-035-3)

Musica rebelde / di Victor Kusak (ISBN 978-88-6711-025-4)

Il design negli anni Sessanta / di Barbara Failla

Maledetti toscani / di Sandro Letta (ISBN 978-88-6711-053-7)

Socrate al caffé / di Pina La Villa (ISBN 978-88-6711-027-8)

Le tre persone di Pier Vittorio Tondelli / di Alessandra L. Ximenes (ISBN 978-88-6711-047-6)

Del mondo come presenza / di Maria Carla Cunsolo (ISBN 978-88-6711-017-9)

Stanislavskij: il sistema della verità e della menzogna / di Barbara Failla (ISBN 978-88-6711-021-6)

Quando informazione è partecipazione? / di Lorenzo Misuraca (ISBN 978-88-6711-041-4)

L'isola che naviga: per una storia del web in Sicilia / di Sergio Failla

Lo snodo della rete / di Tano Rizza (ISBN 978-88-6711-033-9)

Comunicazioni sonore / di Tano Rizza (ISBN 978-88-6711-013-1)

Radio Alice, Bologna 1977 / di Lorenzo Misuraca (ISBN 978-88-6711-043-8)

L'intelligenza collettiva di Pierre Lévy / di Tano Rizza (ISBN 978-88-6711-031-5)

I ragazzi sono in giro / a cura di Sergio Failla (ISBN 978-88-6711-011-7)

Proverbi siciliani / a cura di Fabio Pulvirenti (ISBN 978-88-6711-015-5)

Parole rubate / redazione Girodivite-ZeroBook (ISBN 978-88-6711-109-1)

Accanto ad un bicchiere di vino : antologia della poesia da Li Po a Rino Gaetano / a cura di Piero Buscemi (ISBN 978-88-6711-107-7, 978-88-6711-108-4)

Neuroni in fuga / Adriano Todaro (ISBN 978-88-6711-111-4)

Celluloide : storie personaggi recensioni e curiosità cinematografiche / a cura di Piero Buscemi (ISBN 978-88-6711-123-7)

Sotto perlaceo cielo : mito e memoria nell'opera di Francesco Pennisi / di Luca Boggio (ISBN 978-88-6711-129-9)

Per una bibliografia sul Settantasette / Marta F. Di Stefano (ISBN 978-88-6711-131-2)

Iolanda Crimi : un libro, una storia, la Storia / di Pina La Villa (ISBN 978-88-6711-135-0)

Autobianchi : vita e morte di una fabbrica / di Adriano Todaro

prefazione di Diego Novelli (ISBN 978-88-6711-141-1)

Dizionario politico-sociale di Nova Milanese : Passato e presente / Adriano Todaro (ISBN 978-88-6711-151-0)

Abbiamo una Costituzione : Ideologie, partiti e coscienza

democratica costituzionale / Gaetano Sgalambro (ebook ISBN 978-88-6711-163-3, book ISBN 978-88-6711-164-0)

La peste di Palermo del 1575 / di Giovanni Filippo Ingrassia (ebook ISBN 978-88-6711-173-2)

Permesso di soggiorno obbligato / redazione Girodivite (ebook ISBN 978-88-6711-181-7, book ISBN 978-88-6711-182-4)

Narrativa:

L'isola dei cani / di Piero Buscemi (ISBN 978-88-6711-037-7)

L'anno delle tredici lune / di Sandro Letta (ISBN 978-88-6711-019-3)

Emma Swan e l'eredità di Adele Filò / di Simona Urso (ISBN 978-88-6711-153-4)

Delitto a Nova Milanese : venticinque righe nelle "brevi" / Adriano Todaro (ebook ISBN 978-88-6711-171-8, book ISBN 978-88-6711-172-5)

Enne / Piero Buscemi (ebook ISBN 978-88-6711-179-4, book ISBN 978-88-6711-180-0)

Orientale Sicula : Proebbido entrari ed altri racconti / di Alfio Moncada (ebook ISBN 978-88-6711-193-0, book ISBN 978-88-6711-194-7).

Poesia:

Raccolta di pensieri / di Adele Fossati (ISBN 978-88-6711-190-9)

Iridea / poesie di Alice Molino, foto di Piero Buscemi (ISBN 978-88-6711-159-6)

Il libro dei piccoli rifiuti molesti / di Victor Kusak (ISBN 978-88-6711-063-6)

L'isola ed altre catastrofi (2000-2010) di Sandro Letta (ISBN 978-88-6711-059-9)

La mancanza dei frigoriferi (1996-1997) / di Sergio Failla (ISBN 978-88-6711-057-5)

Stanze d'uomini e sole (1986-1996) / di Sergio Failla (ISBN 978-88-6711-039-1)

Fragma (1978-1983) / di Sergio Failla (ISBN 978-88-6711-093-3)

Raccolta differenziata n°5 : poesie 2016-2018 / di Victor Kusak (ISBN 978-88-6711-149-7)

Libri fotografici:

I ragni di Praha / di Sergio Failla (ISBN 978-88-6711-049-0)

Transiti / di Victor Kusak (ISBN 978-88-6711-055-1)

Ventimetri / di Victor Kusak (ISBN 978-88-6711-095-7)

Visioni d'Europa / di Benjamin Mino, 3 volumi (ISBN 978-88-6711-143_8)

Cortale, borgo di Calabria / Pasquale Riga (ISBN 978-88-6711-175-6)

Perduti luoghi ritrovati : Poggioreale Antica / di Roberta Giuffrida (ISBN 978-88-6711-191-6)

Opere di Ferdinando Leonzio:

Una storia socialista : Lentini 1956-2000 / di Ferdinando Leonzio (ISBN 978-88-6711-125-1)

Lentini 1892-1956 : Vicende politiche / di Ferdinando Leonzio (ISBN 978-88-6711-138-1)

Segretari e leader del socialismo italiano / di Ferdinando Leonzio (ISBN 978-88-6711-113-8)

Breve storia della socialdemocrazia slovacca / di Ferdinando Leonzio (ISBN 978-88-6711-115-2)

Donne del socialismo / di Ferdinando Leonzio (ISBN 978-88-6711-117-6)

La diaspora del socialismo italiano / di Ferdinando Leonzio (ISBN 978-88-6711-119-0)

Cento gocce di vita / di Ferdinando Leonzio (ISBN 978-88-6711-121-3)

La diaspora del comunismo italiano / di Ferdinando Leonzio (ISBN 978-88-6711-127-5)

Sei parole sui fumetti / di Ferdinando Leonzio (ISBN 978-88-6711-139-8)

Otello Marilli / di Ferdinando Leonzio (ISBN 978-88-6711-155-8)

La diaspora democristiana / di Ferdinando Leonzio (ISBN 978-88-6711-157-2)

Lentini nell'Italia repubblicana / di Ferdinando Leonzio (ebook ISBN 978-88-6711-161-9, book ISBN 978-88-6711-162-6)

Delfo Castro, il socialdemocratico / Ferdinando Leonzio (ebook ISBN 978-88-6711-169-5, book ISBN 978-88-6711-170-1)

La socialdemocrazia italiana fra scissioni e confluenze (1947-1998) / Ferdinando Leonzio (ebook ISBN 978-88-6711-177-0, book ISBN 978-88-6711-178-7)

Parole rubate:

Scritti per Gianni Giuffrida: La nuova gestione unitaria dell'attività ispettiva: L'Ispettorato Nazionale del Lavoro / di Cristina Giuffrida (ISBN 978-88-6711-133-6)

WikiBooks:

La Carta del Carnaro 1920-2020 (ISBN 978-88-6711-183-1)

Webology : le "cose" del Web / a cura di Sergio Failla (ISBN 978-88-6711-185-5)

Cataloghi:

ZeroBook: catalogo dei libri e delle idee 2012-...

Catalogo ZeroBook 2007

Catalogo ZeroBook 2006

Riviste e periodici:

Post/teca, antologia del meglio e del peggio del web italiano

ISSN 2282-2437

https://www.girodivite.it/-Post-teca-.html

Girodivite, segnali dalle città invisibili

ISSN 1970-7061

https://www.girodivite.it

https://www.girodivite.it

ZeroBook catalogo delle idee e dei libri

trimestrale

https://www.girodivite.it/-ZeroBook-free-catalogo-puoi-.html

www.ingramcontent.com/pod-product-compliance
Lightning Source LLC
Chambersburg PA
CBHW020016050426
42450CB00005B/501